o livro da história da comunicação

Copyright do texto © 2023 by Ruth Rocha e Otávio Roth
Copyright das ilustrações © 2023 by Raul Loureiro

*Grafia atualizada segundo o Acordo Ortográfico
da Língua Portuguesa de 1990, que entrou em vigor
no Brasil em 2009.*

Preparação MARINA MUNHOZ
Curadoria da obra de Ruth Rocha MARIANA ROCHA
Curadoria Acervo Otávio Roth ANA ROTH e ISABEL ROTH
Projeto gráfico e ilustrações RAUL LOUREIRO
Revisão ANA LUIZA COUTO e LUCIANA BARALDI
Tratamento de imagem AMÉRICO FREIRIA
Revisão técnica do alfabeto de sinais CRISTIANO KOYAMA

Imagens de miolo SHUTTERSTOCK e ADOBE STOCK
Com exceção de:
p.8: AU, Whitlow et al. "Acoustic properties of humpback whale songs". The Journal of the Acoustical Society of America, v. 120, ago. 2006.
p.9: MARTINEZ, Ludivine et al. "New sightings records of marine mammals and seabirds off French Guiana". Latin American Journal of Aquatic Research, Valparaíso, v. 47, n. 5, p. 753-763, nov. 2019

Dados Internacionais de Catalogação na Publicação (CIP)
(Câmara Brasileira do Livro, SP, Brasil)

Rocha, Ruth
  O livro da história da comunicação / Ruth Rocha, Otávio Roth — 1ª ed. — São Paulo : Companhia das Letrinhas, 2023.

  ISBN 978-85-7406-953-1

  1. Comunicação — História 2. Literatura infantojuvenil
I. Roth, Otávio. II. Título.

22-121314   CDD-028.5

Índices para catálogo sistemático:
1. Literatura infantil   028.5
2. Literatura infantojuvenil   028.5

Eliete Marques da Silva — Bibliotecária — CRB-8/9380

Todos os direitos desta edição reservados à
EDITORA SCHWARCZ S.A.
Rua Bandeira Paulista, 702, cj. 32
04532-002 — São Paulo — SP — Brasil
☎ (11) 3707-3500
🔗 www.companhiadasletrinhas.com.br
🔗 www.blogdaletrinhas.com.br
📘 /companhiadasletrinhas
📷 @companhiadasletrinhas
▶ /CanalLetrinhaZ

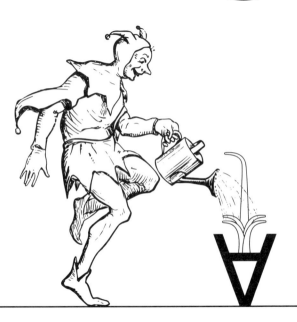

ruth rocha | otávio roth

o livro da história da comunicação

ilustrações de raul loureiro

apresentação, 7

a história dos gestos e dos símbolos, 9
a história das línguas, 25
a história das letras, 49
a história da escrita, 63

posfácio, 76
sobre os autores, 78
sobre o ilustrador, 79

sumário

apresentação

RUTH ROCHA

Otávio Roth e eu compusemos *O livro da história do livro* e *O livro da história da comunicação* em torno das pesquisas que ele desenvolveu ao longo de muito tempo.

Otávio sempre foi interessado por tudo que é coisa e foi um grande especialista em papéis. Realizou inúmeros projetos e estudos, não só sobre papéis, mas sobre tudo o que se refere ao livro e à comunicação. Criou oficinas nas quais ensinou muitas pessoas a confeccionarem papéis e tinha até uma prensa igual à de Gutenberg! Além disso, foi um artista maravilhoso.

Nossas conversas sobre estes assuntos eram muito divertidas e interessantes, e como ele queria fazer livros para jovens, acabamos nos tornando parceiros neste projeto.

Minha amizade com o Otávio foi muito rica e alegre.

Fizemos vários trabalhos juntos, viajamos e até nos transformamos em família, pois ele acabou se casando com a minha sobrinha Ana, com quem teve a Isabel.

Este trabalho sobre a comunicação e os livros foi muito gratificante e fico muito feliz com a atual concepção gráfica e as ilustrações de Raul Loureiro que enriqueceram demais esta obra e deram a ela uma imagem muito sofisticada e inovadora.

Deixo aqui minha homenagem a Otávio Roth, grande amigo, grande artista e grande cidadão.

Espero que aproveitem estes livros e se divirtam tanto quanto eu e o Otávio, enquanto os criamos.

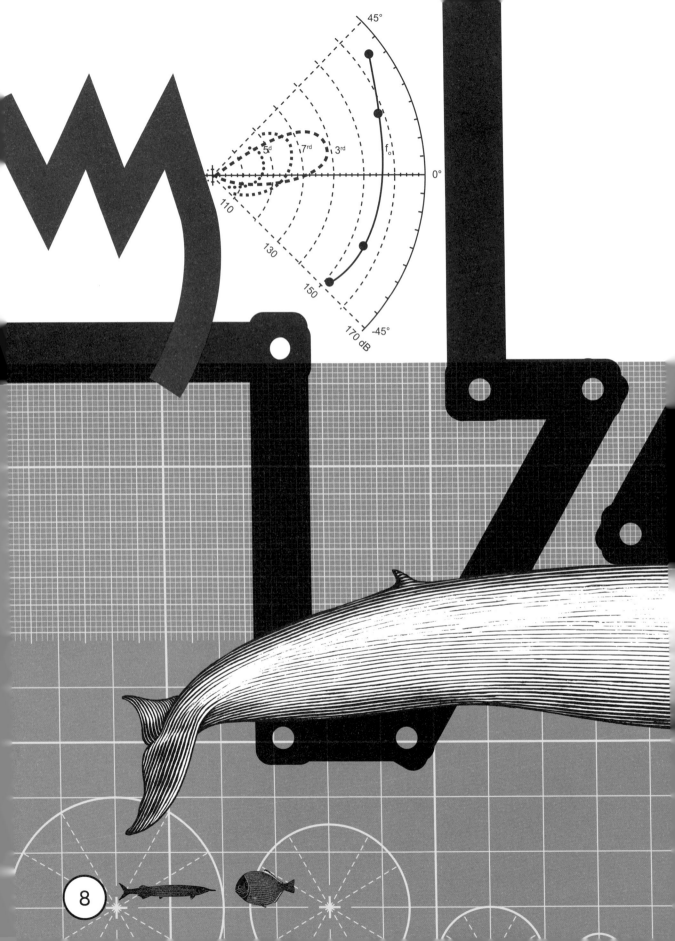

a história dos gestos e dos símbolos

Quando uma abelha quer contar às outras onde ela encontrou uma porção de flores cheinhas de pólen, executa uma espécie de dança, que é a forma que ela usa para se comunicar.

Os animais, embora não falem, têm formas sofisticadas de comunicação.

As baleias, por exemplo, emitem um canto prolongado, que atravessa os oceanos.

Os cães conseguem não só comunicar-se entre si, como até mesmo comunicar-se com seus donos.

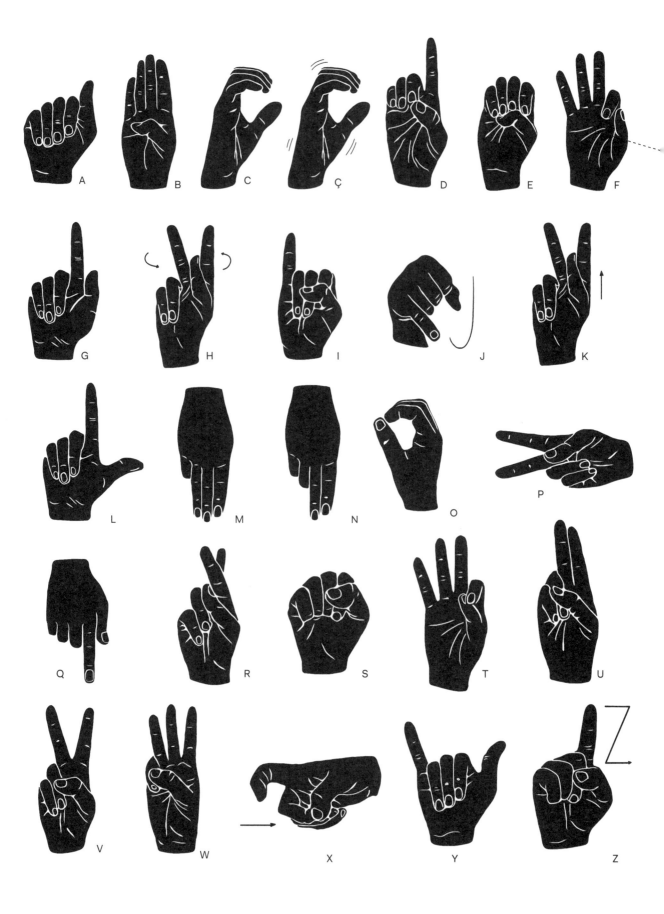

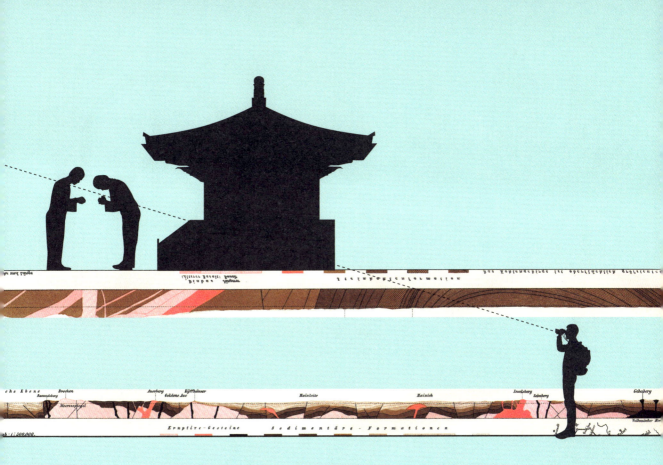

    As crianças também se comunicam, antes mesmo de saber falar, por gestos, por ruídos, por expressões.
    O adulto, mesmo sabendo falar, também se comunica por gestos. O gesto de levantar ou abaixar o polegar costuma ser compreendido por todos, desde o tempo dos romanos. O aceno de quem vai embora, o sorriso, o abanar de cabeça para dizer sim ou não são formas de comunicação que dispensam a palavra, embora variem de significação, de um povo para o outro.

    No mundo inteiro se inventaram conjuntos de sinais manuais para que os surdos se comunicassem.
    No Brasil foi inventado o sistema de "Libras", que se compõe de sinais e posições das mãos e até das expressões do rosto.

Não são apenas os gestos que comunicam sem palavras. Até a maneira de uma pessoa ou de um grupo se vestir ou se enfeitar pode ser considerada uma forma de comunicação.

Diferentes povos indígenas, por exemplo, costumam pintar seus corpos e usar certos tipos de adornos para mostrar que estão em guerra ou em festa.

Os jovens usam roupas e penteados diferentes dos adultos, o que equivale a um aviso:

NÓS SOMOS DIFERENTES!

Os hippies dos anos 1960 também mostravam o que eram, do que gostavam e no que acreditavam, mediante as roupas e os cabelos que usavam. Os trajes dos hippies mostravam seus ideais:

PAZ E AMOR!

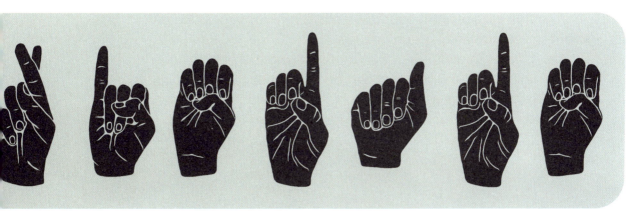

As cores também tiveram sempre grande importância na comunicação.

Assim, a bandeira branca há muito significa paz.

Na Antiguidade, a cor púrpura significava realeza.

Entre os ocidentais, a cor preta representa o luto, enquanto entre alguns grupos orientais é o branco que simboliza o luto.

A roupa branca tem uma conotação de pureza. Por isso as noivas brasileiras costumam usar o branco.

Entre os escoceses, o padrão e a cor dos tecidos da roupa indicam um determinado grupo familiar.

Os monges tibetanos usam o amarelo como emblema do seu grupo e entre os católicos o roxo é a cor característica dos bispos.

Até entre equipes esportivas as cores têm papel importante, invadindo as torcidas sob a forma de camisetas e bandeiras.

A necessidade de usar distintivos durante as batalhas nasceu no tempo em que os cavaleiros começaram a usar armaduras.

Não se podia ver quem estava por trás dos elmos. Assim, cada cavaleiro escolhia um desenho, um símbolo pelo qual podia ser reconhecido: um animal, uma flor, uma figura qualquer.

Aos poucos, esses sinais foram passando para os escudos e para os estandartes. E suas cores foram adotadas para roupas e para enfeites, até dos cavalos.

Esse fato deu origem à heráldica, que é o estudo dos brasões.

Os povos indígenas da América do Norte, além de se comunicarem pela fala ou pelos enfeites e pinturas corporais, comunicavam-se à distância por sinais de fumaça.

Alguns povos nativos da África usavam também as batidas de tambores como forma de "se falarem" de longe.

Entre os aborígenes de todo o mundo, são muito usados os "sinais de pista", que consistem em avisos, que eles fazem na mata, com galhos e pedras.

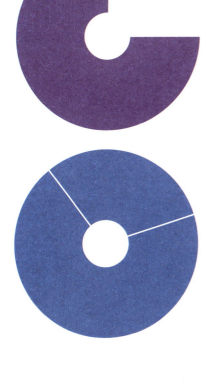

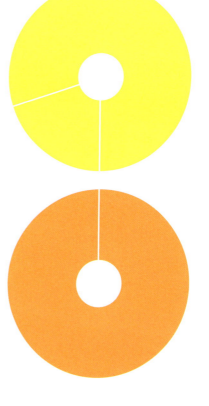

15

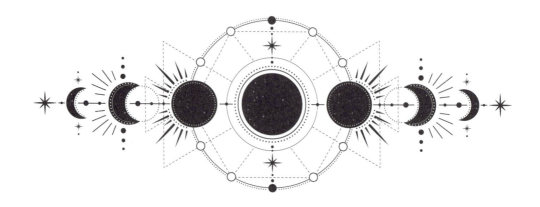
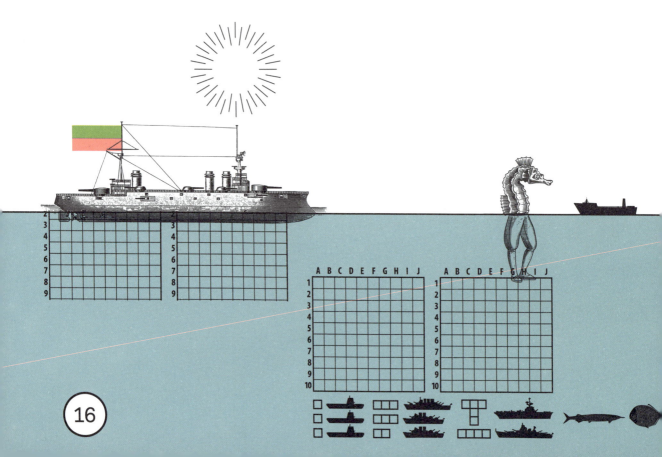

Antes que fossem inventados o rádio e o telégrafo, usava-se nos barcos a sinalização por bandeiras.

Além da bandeira principal, que é içada no mastro e que pode indicar o país de origem de um navio, assim como doenças a bordo ou a presença de alguém importante, há mais duas formas de comunicação por bandeiras.

Uma delas usa uma bandeira diferente para cada letra. E a outra usa combinações de duas bandeiras em diferentes posições.

Entre barcos usa-se também a comunicação por sinais luminosos. A linguagem usada é o código Morse, que foi inventado para uso do telégrafo. É uma linguagem que usa combinação de sinais luminosos demorados e breves para expressar letras e números.

Ainda se usam entre barcos sinais sonoros de buzinas para a comunicação durante períodos em que a visibilidade esteja prejudicada.

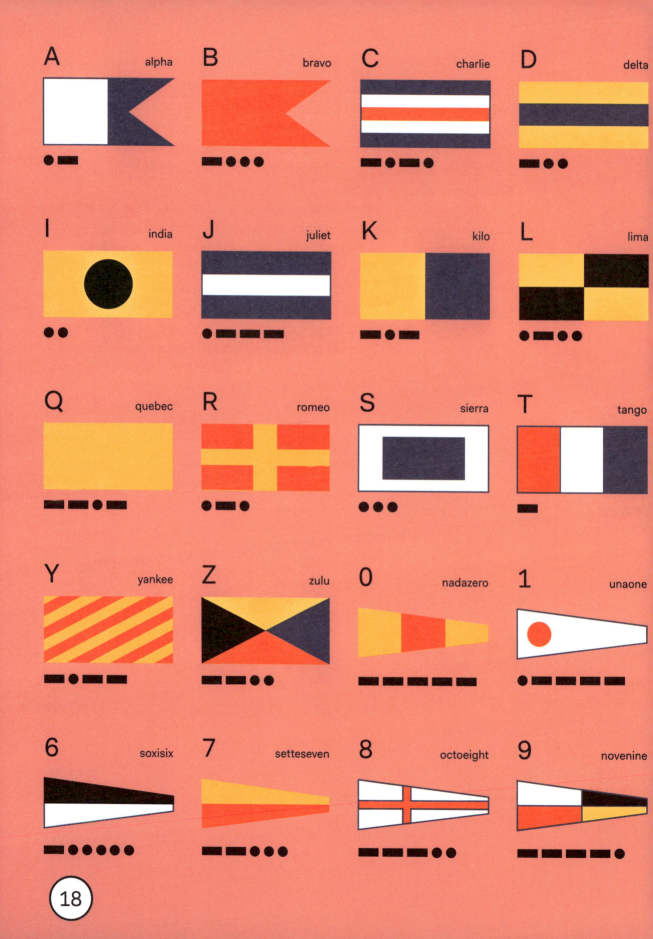

A música é também uma forma de comunicação. Ela transmite variados estados de espírito, como alegria, tristeza, romantismo, entusiasmo.

Quando a música é acompanhada de letra, pode emitir uma mensagem específica, que vai desde as ingênuas canções infantis até os mais exaltados hinos patrióticos.

A emoção que se sente quando se assiste a uma simples premiação esportiva, acompanhada do içar de uma bandeira e da execução de um hino, mostra como estes símbolos trazem mensagens poderosas ligadas a eles.

O sonho do entendimento universal está ainda longe de se realizar.

No entanto, a busca por uma linguagem que possa ser compreendida por todos é constante.

Hoje, em todas as cidades do mundo, encontramos sinais de trânsito, avisos que proíbem o cigarro e indicações para banheiros praticamente iguais.

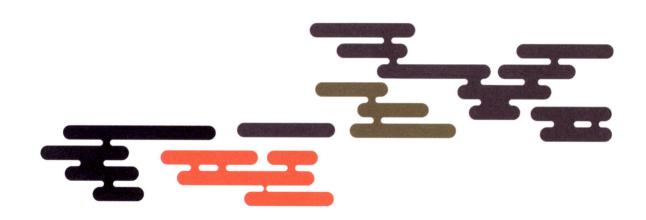

Depois de inventar a fala, o ser humano continuou procurando outras formas para aumentar essa sua capacidade. Contamos, neste livro, algumas delas.

Hoje a humanidade atingiu uma nova era: a da comunicação por aparelhos, que amplia extraordinariamente suas possibilidades de contato com outras pessoas.

Esperemos que ela saiba usar esse fantástico privilégio com o objetivo de fazer a vida de todos nós um pouco melhor.

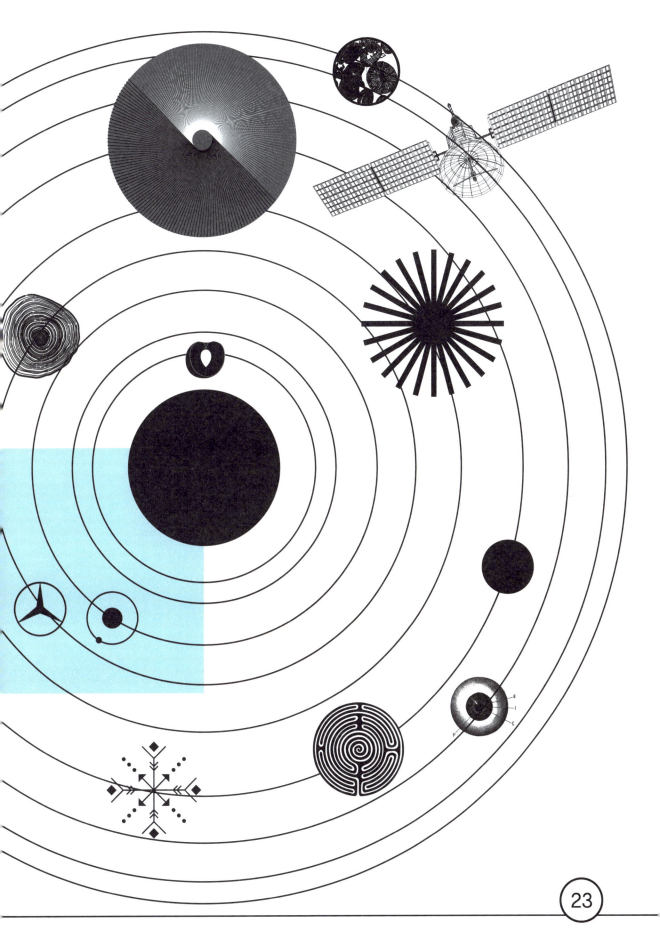

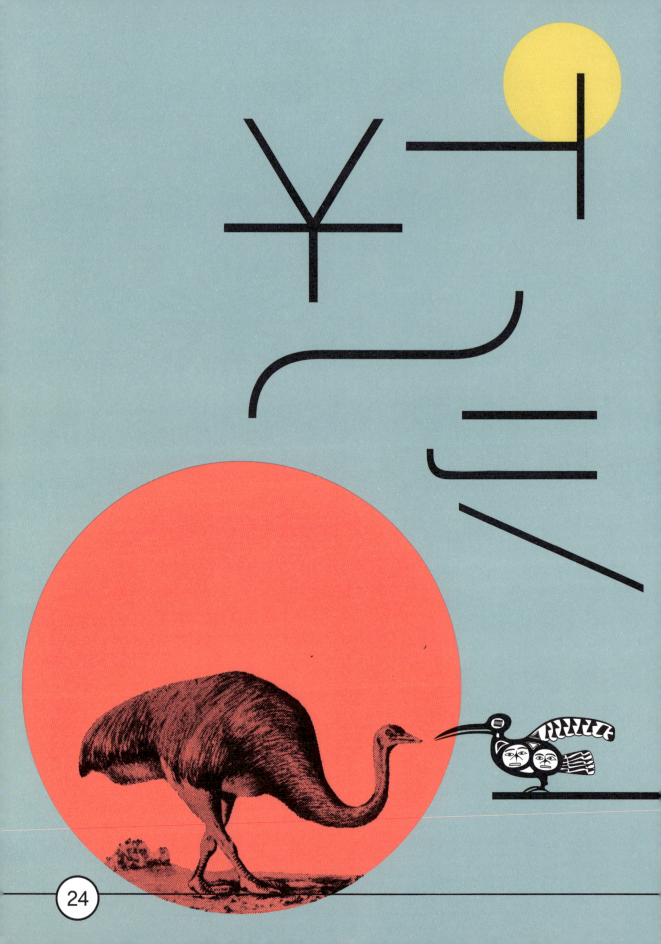

a história das línguas

Você já pensou como é importante saber falar?

Falando, a gente pode explicar o que quer, o que pensa, o que sente.

Muitos, muitos anos atrás, o bicho que foi o antepassado do ser humano não falava. Ele se comunicava, como os outros bichos, por gestos, por berros, por grunhidos.

Não se sabe bem quando, onde ou como esse animal começou a se modificar.

E pouco a pouco foi se tornando um animal diferente.

Uma das coisas mais importantes que aconteceram com ele foi aprender a falar.

O que será que as pessoas falaram primeiro?
Será que foram palavras de queixa ou dor, como "ai" e "ui"?
Ou será que foram exclamações de medo, para chamar a atenção dos outros num momento de perigo, como "socorro!"?

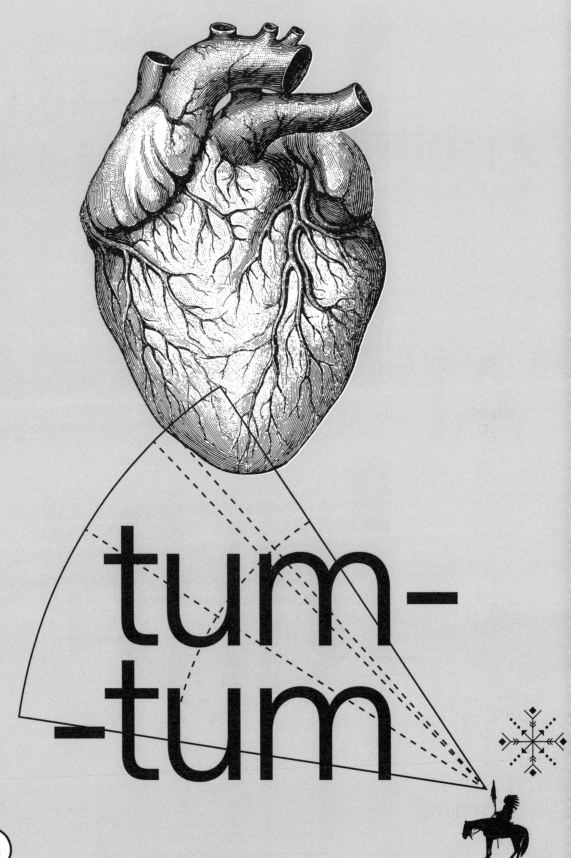

piu-piu

Será que as pessoas começaram a imitar o som das coisas, como alguns indígenas norte-americanos que até hoje chamam o coração de "tum-tum"?

Ou ainda, será que as pessoas começaram a falar imitando os bichos, como crianças pequenas que chamam cachorros de "au--au" e os passarinhos de "piu-piu"?

Nós nunca vamos saber disso com certeza, mas podemos afirmar que essa invenção foi um grande sucesso...

au-au

Os grupos humanos viviam isolados uns dos outros.

Cada um inventou uma língua diferente, que só aquele grupo compreendia.

Mas os seres humanos, naquele tempo, mudavam muito de lugar, à procura de comida ou fugindo do frio. E levavam sua língua para outros grupos e aprendiam novas palavras com eles. As pessoas que estudam como as línguas se formaram e se espalharam dizem que na Terra já existiram mais de 10 mil línguas. Ainda hoje existem mais de 6,9 mil.

Algumas dessas línguas são faladas por poucas pessoas, como entre alguns povos da Amazônia, por exemplo.

Outras são faladas por muitas pessoas.

Algumas das línguas mais faladas no mundo são o mandarim, o híndi, o espanhol, o inglês, o árabe, o português, o russo, o japonês e o francês.

Cada uma dessas línguas é falada por mais de 50 milhões de pessoas.

Mas, se tirarmos dessa lista o mandarim e o japonês, todas as outras começaram juntas, eram uma língua só.

Essa língua, que foi batizada de indo-europeu, surgiu no centro da Europa há pelo menos 5 mil anos!

A gente sabe disso porque nessas línguas há muitas palavras e muitos sons parecidos.

mother
inglês

mutter
alemão

mater
latim

madre
espanhol

mat
russo

matar
híndi

mãe
português

Veja a palavra "mãe".
Em inglês se diz *mother*; em alemão, *Mutter*; em latim, *mater*; em espanhol, *madre*; em português, *mãe*; em russo, *mat*; em híndi, *matar*.
O povo que falava essa língua foi se espalhando pela Europa.
E assim a língua chegou à Itália, à Grécia, à Inglaterra, à França. Chegou à Rússia, e daí ao Irã, ao Afeganistão, à Índia.
Em cada lugar a língua se modificou durante muito tempo e acabou virando uma outra língua, um outro idioma.

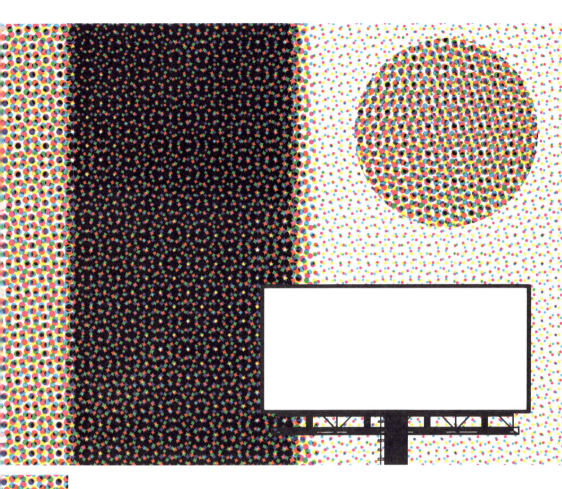

E cada língua dessas se espalhou também, até mesmo por causa das guerras.

Os romanos, por exemplo, conquistaram muitos territórios e o latim acabou se misturando às linguas faladas naqueles lugares. Assim surgiram o francês, o italiano, o espanhol, o português, o catalão, o galego, o romeno.

Os seres humanos começaram a se dispersar pelo mundo em busca de comida.

Então, começaram a fazer guerras, para tirar o que os outros povos tinham, continuando a se espalhar.

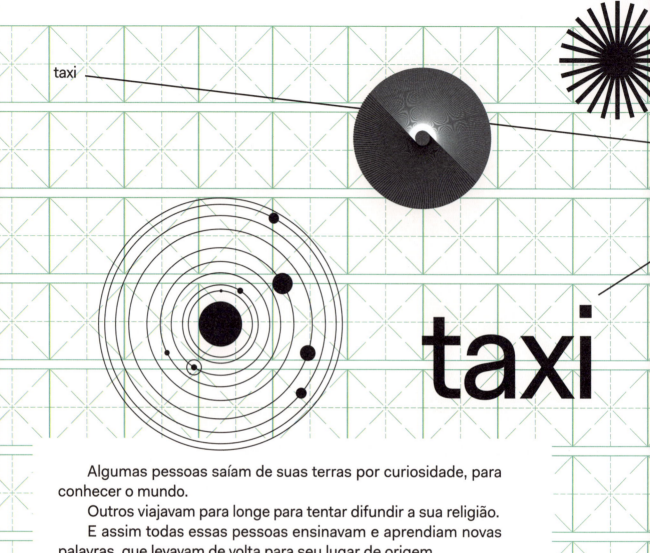

taxi

taxi

Algumas pessoas saíam de suas terras por curiosidade, para conhecer o mundo.

Outros viajavam para longe para tentar difundir a sua religião.

E assim todas essas pessoas ensinavam e aprendiam novas palavras, que levavam de volta para seu lugar de origem.

Hoje existem palavras japonesas de origem portuguesa, palavras espanholas de origem chinesa, palavras inglesas de origem indiana.

Existem palavras latinas e gregas em muitos idiomas.

Por isso, mesmo que a gente não conheça uma língua, sempre consegue entender uma ou outra palavra dela.

Pesquisadores de todo o mundo estudam as línguas que ninguém mais fala, mas que foram deixadas em documentos ou monumentos escritos. Porém, nunca vamos saber qual o som que tinham essas línguas.

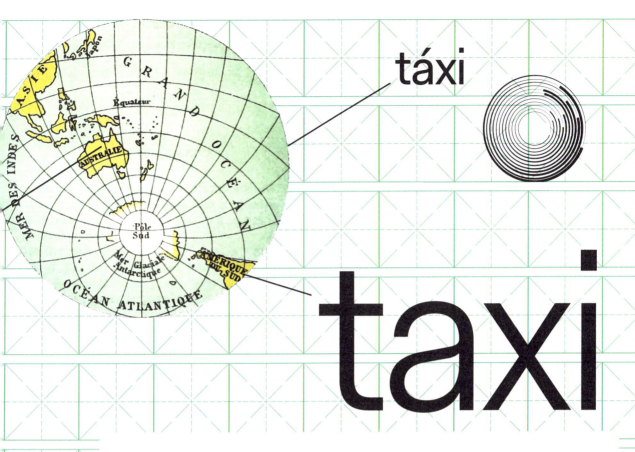

táxi

taxi

Por isso, estão tentando gravar a fala de povos que estão desaparecendo, como algumas etnias indígenas da América do Sul e do Norte.

Em outras partes do mundo estão fazendo a mesma coisa.

Os russos conseguiram gravar a voz e a língua do último sobrevivente do povo dos tártaros negros da Sibéria.

Mas, enquanto algumas línguas morrem, outras podem renascer.

O hebraico, por exemplo, deixou de ser falado por muitos séculos, mas foi modernizado e hoje é a língua oficial de Israel.

Por outro lado, muitas invenções novas, como o automóvel, o telefone, o computador, tiveram de ganhar nomes à medida que surgiam.

Existem algumas palavras que são usadas no mundo todo, como táxi, hotel, uísque, menu, ópera, TV. Praticamente todo mundo entende, até quem vive do outro lado do mundo.

媽
mãe
tonalidade alta

ma

tonalidade baixa

cavalo
馬

O mandarim, para os chineses, é uma língua muito comum, é claro!

Mas para nós é interessante o fato de que quase todas as palavras em mandarim tenham apenas uma sílaba.

Ora, o número de sílabas simples que a voz humana é capaz de produzir é pequeno. Então, em mandarim, uma única palavra quer dizer uma porção de coisas. O que diferencia uma palavra da outra é a entonação com que se fala.

A palavra *ma*, por exemplo. Quando dita numa tonalidade alta, significa "mãe"; quando dita numa tonalidade baixa, quer dizer "cavalo".

O mandarim é uma das línguas mais faladas no mundo todo e uma das mais difíceis de aprender, especialmente se você fala português.

A escrita mandarim é ideográfica, quer dizer, para cada palavra existe um sinal. Por isso, para ler um jornal ou livro em mandarim é preciso conhecer pelo menos 5 mil símbolos!

Alguns povos têm o vocabulário maior do que outros. Por exemplo, os povos aborígenes da Groenlândia tem um vocabulário de mais de 20 mil palavras!

Só para designar o leão-marinho, que para eles é muito importante, eles têm uma porção de palavras diferentes: uma para leão-marinho macho, outra para leão-marinho fêmea, para leão-marinho grande, pequeno, de dentes grandes, jovem, adulto, velho, e até para leão-marinho sozinho ou acompanhado.

Vinte mil palavras é muito, se compararmos, por exemplo, com o vocabulário do latim vulgar, que era falado pelo povo do Império Romano no auge de sua civilização e que tinha cerca de 4 mil palavras!

Não seria ótimo se existisse uma língua na qual todo mundo pudesse se entender?

Pois mais de 10 línguas já foram inventadas com esse objetivo. O esperanto é a mais conhecida de todas.

Quando você encontrar uma pessoa usando um broche com uma estrela verde, já sabe que ela sabe falar esperanto.

Essa língua é muito simples e lógica, para que todos a aprendam facilmente; baseia-se nas línguas neolatinas (francês, português, espanhol e outras) e anglo-saxônicas (inglês, alemão e outras).

Para quem conhece essas línguas, realmente é fácil aprender o esperanto. Mas não é todo mundo que conhece, então é uma língua difícil para a maior parte das pessoas.

O inglês é a língua mais ensinada do mundo.

Em muitos países a população, além da sua própria língua, fala um inglês fluente.

O inglês tem um vocabulário riquíssimo, com palavras de variadas origens. Metade dos livros publicados está em inglês.

Outras línguas também são usadas para unir os povos. O francês, por exemplo, tem sido a língua da diplomacia.

A Organização das Nações Unidas adotou seis línguas para seus trabalhos:

o inglês,
o francês,
o espanhol,
o russo,
o chinês
e o árabe.

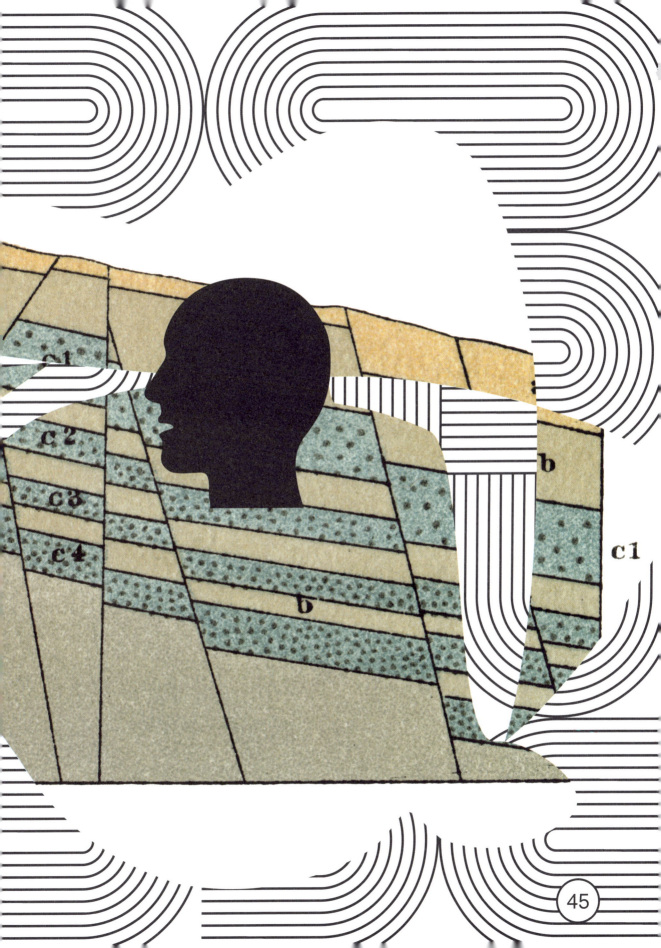

palavra

(híndi)

Embora pareça improvável, há línguas que desunem as pessoas. Países onde se falam duas ou mais línguas podem ter problemas por causa disso.

Há ainda as línguas que se dividem por causa da escrita ou da fala. O híndi e o urdu, que são línguas faladas na Índia, são, praticamente, a mesma língua. Mas o híndi se escreve com "letras" sânscritas, o alfabeto devanágari, enquanto o urdu se escreve com "letras" árabes, o alfabeto persa. Isso quer dizer que os paquistaneses e os indianos podem conversar entre si, mas não entendem a escrita uns dos outros.

O contrário também acontece. Chineses e japoneses entendem a escrita uns dos outros, mas não se entendem quando falam.

palavra

(urdu)

    O ser humano de hoje está bem distante daquele que vivia em cavernas, comia carne crua e balbuciava as primeiras palavras. Construiu uma civilização poderosa, desenvolveu conhecimentos, criou novos modos de vida.
    Sua ciência permitiu que ele cruzasse os mares, erguesse enormes edifícios e até buscasse outros planetas com seus foguetes.
    Mas tudo o que o ser humano fez só foi possível porque ele dominou a palavra.
    E até hoje a palavra e as línguas permitem ao ser humano as duas coisas mais importantes que ele pode fazer: escrever suas leis, para que possa viver de maneira civilizada, e declarar seu amor, para que ele possa viver feliz...

a história das letras

A invenção do alfabeto foi uma das maiores conquistas de todos os tempos para a humanidade.

A importância dessa invenção consistiu em representar todos os sons de uma língua com apenas 26 letras.

O alfabeto que conhecemos hoje e com o qual escrevemos nossa língua teve origem há mais de 3 mil anos.

Os responsáveis por isso foram os fenícios e os povos vizinhos aos fenícios copiaram essa ideia.

Mas cada povo tinha uma língua diferente. Então, cada um inventou novas letras para os sons que não existiam na língua dos fenícios, e abandonou as letras que não serviam para ele.

Nosso alfabeto, que é chamado de alfabeto romano, foi o resultado dessas modificações.

Como essa história é muito antiga, até hoje não conhecemos exatamente todos os passos da sua evolução.

O alfabeto fenício foi adotado pelos gregos por volta do ano 400 a.C. e sofreu, naturalmente, numerosas modificações.

Os romanos herdaram dos gregos as letras que deram origem ao seu alfabeto. Essas letras, por sua vez, também foram modificadas até chegar à forma atual.

Algumas das nossas letras são muito semelhantes às letras fenícias que lhes deram origem. Só que várias delas surgiram em posições diferentes das que têm hoje, parecendo para nós muito estranhas.

NORTH-SEMITIC			GREEK		ETRUSCAN		LATIN	ROMAN	ANGLO-IRISH	CAROLINE	MODERN	
PHOENICIAN	NAME	PHONETIC VALUE	CLASSICAL	NAME	EARLY	CLASSICAL	MONUMENTAL (CLASSICAL)	UNCIALS	MAJUSCULE	MINUSCULE	ROMAN	ROMAN
	'ALEPH	'		ALPHA								a
	BETH	B		BETA								b
	GIMEL	G		GAMMA								c
	DALETH	D		DELTA								d
	HE	H		EPSILON								e
	WAW	W		DIGAMMA								f
							G					g
	ZAYIN	Z		ZETA								
	HETH	H		ĒTA			H					h
	TETH	T		THETA								
	YOD	Y		IOTA			(J)					i
												j
	KAPH	K		KAPPA			K					k
	LAMED	L		LAMBDA			L					l
	MEM	M		MU			M					m
	NUN	N		NU			N					n
	SAMEKH	S		XI								
	'AYIN	'		ŌMICRON			O					o
	PE	P		PI			P					p
	SADE	S											
	QOPH	Q					Q					q
	REŠ	R		RHO			R					r
	ŠIN	SH~S		SIGMA			S					s
	TAW	T		TAU			T					t
				UPSILON			V					u
												v
												w
				CHI			X					x
							Y					y
				ŌMEGA			Z					z

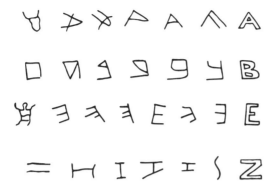

O A, por exemplo, nasceu, literalmente, de cabeça para baixo.

Isso porque o A foi inspirado no formato da cabeça de um boi.

Os fenícios chamavam o boi de *aleph*, e este era o nome do A em fenício.

O B e o E também nasceram olhando para o lado oposto ao que olham hoje.

Isso aconteceu porque houve uma época em que os gregos escreviam como fazem os arados no campo: uma linha da esquerda para a direita, a outra linha da direita para a esquerda.

Muitas letras fenícias, por isso, inverteram sua posição quando passaram para o alfabeto grego.

Outras letras surgiram para representar sons que não existiam na língua dos fenícios.

Os gregos inventaram, por exemplo, o Ψ (*psi*), com o som de PSI.

Inventaram o Φ (ômega), com o som de O longo.

Inventaram o X (*csi*), com o som de CSI, que originou a letra X.

E inventaram ainda o Y (ípsilon), que originou mais tarde, entre os romanos, a letra Y.

A letra I (*zain*) foi retomada pelos romanos, para representar um som que não existia entre os gregos.

53

hieroglifo	Son	Transliteração	Alfabeto francês	Hiéroglyphe	Son	Translitération	Alphabet français	Hiéroglyphe	Son	Translitération	Alphabet français
	a	ꜣ	A		m	m	M		s	s	S
	i	i	I		m	M	M		ch	$š$	
	y	y	Y		n	n	N		q	$ḳ$	Q
	y	Y	Y		n	N	N		k	k	K
	â	$ꜥ$	Â		r	r	R		l	l	L
	ou	w	U		h	h	H		g	g	G
	ou	W	U		h	$ḥ$	H		t	t	T
	b	b	B		kh	$ḫ$			tch	$ṯ$	
	p	p	P		kh	$ẖ$			d	d	D
	f	f	F		s	z	S		dj	$ḏ$	Z
	c	k	K		o		O				X

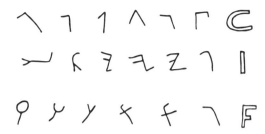

O C, o K e o Q representam praticamente o mesmo som na maioria das línguas.

Mas o C era usado pelos romanos para representar dois sons diferentes: o som de C e o som de G.

Com o tempo, o som de G ganhou representação própria, dando origem a uma nova letra.

Foi o mesmo caso da letra I, que representava o som de I e o som de J.

Somente no século XVI é que o J ganhou a forma que tem hoje.

A mesma coisa aconteceu com o U, que, na Idade Média, passou a representar um dos sons da letra V. O V, por sua vez, também originou a letra W, mais ou menos na mesma época.

O F é uma letra que já teve uma porção de formas e representou uma porção de sons.

Começou com a forma de uma cobra, no Egito. Depois evoluiu e ficou parecido com um prego.

Só muito tempo depois é que tomou a forma que tem hoje.

Ainda hoje o F serve para representar o som do V em alemão.

Já serviu para representar o som de W, até que finalmente tomou o som do F atual.

Praticamente todas as letras foram inspiradas em coisas que existiam, e seus nomes eram, entre os fenícios, o nome do objeto que representavam.

D	P	R	H	N	S	T
DĀLETH [PORTA]	PĒ [BOCA]	RĒŠ [CABEÇA]	HĒTH [CERCA]	NUN [PEIXE]	SĀMECH [SUPORTE]	TĒTH [FARDO]

Quem inventou o alfabeto e deu nome às letras foram os fenícios.

Mas várias dessas letras se desenvolveram a partir dos hieróglifos egípcios.

Por exemplo: o M era a representação da coruja, na sua origem. Com a simplificação da escrita egípcia, a forma da letra foi se distanciando da forma da coruja.

Quando os fenícios assumiram a letra M com a forma de ᴍ, identificaram esta forma com uma onda. Batizaram então essa letra de *mēm*, que quer dizer "água".

Com a letra L aconteceu uma coisa parecida.

O hieróglifo egípcio ⟨⟩ foi se transformando em traços mais simples.

Os fenícios viram nesse símbolo a representação de um chicote e deram a ela o nome de *lāmedh*, que quer dizer "chicote".

Por outro lado, algumas letras se mantiveram inalteradas através dos tempos.

A letra O, por exemplo, desde a Antiguidade tem a forma de um olho.

E a letra K, do mesmo modo, teve sempre uma forma aproximada das linhas da palma de uma mão, que em fenício antigo era chamada de *kaph*.

É curioso lembrar que os fenícios não inventaram formas para representar o som das vogais.

Aliás, ainda hoje, em hebraico e árabe, línguas que se originaram diretamente do fenício, é comum escrever-se sem a marcação das vogais.

Quem inventou a grafia e o uso das vogais foram os gregos, usando letras como o A e o E, que funcionavam anteriormente como consoantes.

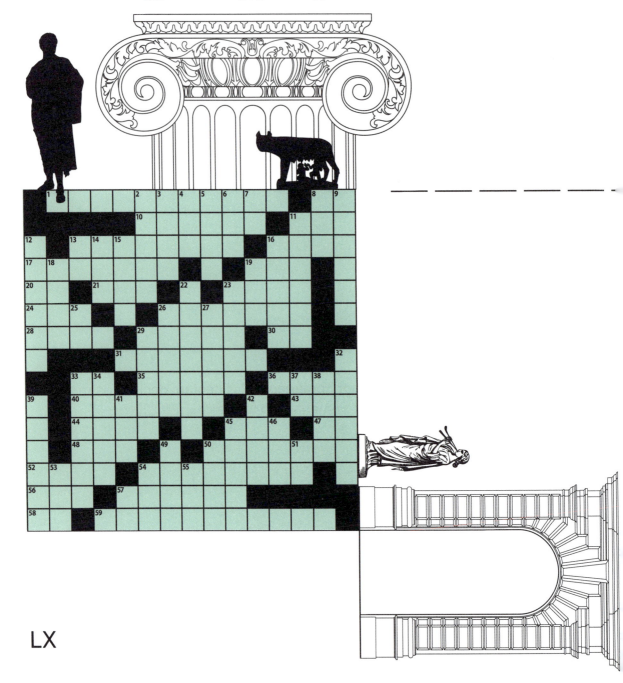

As letras são importantes não só para escrever e ler, mas até para a matemática. Os romanos usavam letras em lugar de números. Os matemáticos e físicos usam até hoje as letras para suas anotações algébricas ou geométricas. E os químicos usam as letras para identificar os diversos elementos.

Usam-se letras como enfeite, no início dos capítulos dos livros. E usam-se letras para identificar anéis, lenços e camisas.

Existe ainda um uso mágico das letras. Os numerologistas, atribuindo um valor numérico a elas, tentam decifrar os mistérios da personalidade humana e do futuro.

Desde a Antiguidade já se usavam as letras para a criação de problemas de palavras cruzadas, e até hoje brincamos de "forca", que é uma brincadeira com letras.

De toda forma, as letras são uma evidência da criatividade e da engenhosidade, e sem elas o destino do ser humano sobre a Terra seria certamente diferente.

a história da escrita

A gente sabe que, há 40 mil anos, o ser humano não só existia, como pensava e tinha até qualidades artísticas, pois pintava nas paredes das cavernas touros, bisões, renas, cavalos e até pessoas.

Eram lindas pinturas e no início eram feitas no fundo das cavernas, e não na entrada, onde os hominídeos viviam.

Isso nos faz pensar que essas figuras tinham um significado mágico.

Mais tarde começaram a aparecer desenhos que comunicavam alguma coisa. Eram uma tentativa de escrita, embora fossem muitos simples.

Quando alguém desenhava um boi, queria dizer boi; quando desenhava um jarro, queria dizer jarro; e, quando desenhava o sol, queria dizer sol. Era a escrita pictográfica.

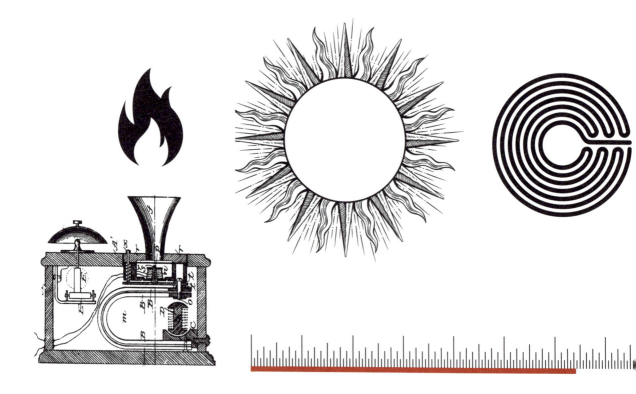

Com o tempo, a escrita foi mudando. As pessoas precisavam escrever coisas mais complicadas.

Então, quando desenhavam um boi, nem sempre queriam representar um boi. Podiam estar representando uma boiada, o gado, ou simplesmente a carne.

Quando desenhavam um jarro, podiam estar representando mais do que um jarro: podiam estar representando a quantidade de líquido que cabia num jarro.

E, quando desenhavam o sol, podiam estar representando o dia, a luz, ou até mesmo o calor.

Esse tipo de escrita já permitia contar uma pequena história ou mandar uma mensagem simples.

Era a escrita ideográfica.

As pessoas passaram a escrever cada vez mais. Com isso foram simplificando progressivamente os símbolos.

E foram "combinando" entre si como desenhar cada símbolo, de maneira que o que uns escreviam fosse compreendido por todos.

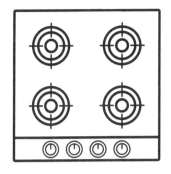
 = 8 litros

 = 4 litros

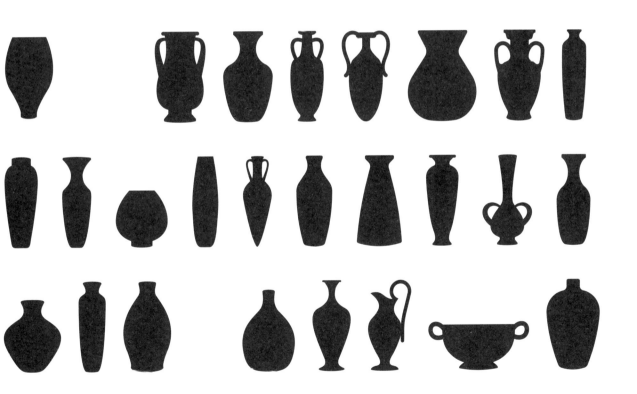

Com o tempo os símbolos se simplificaram tanto que apenas lembravam o objeto que representavam no início.

O tipo de escrita que cada povo inventou dependeu do material usado para escrever.

Os sumérios inventaram a primeira escrita bem codificada.

Usavam lajotas de barro mole como suporte e um pequeno bastão de madeira ou ferro para escrever.

Como era difícil fazer linhas curvas no barro, passaram a fazer "marcas" calcadas na argila, com um estilete de ponta triangular, a cunha. Cada conjunto de marcas significava uma palavra.

Essa escrita foi chamada de cuneiforme.

Os vizinhos dos sumérios, os egípcios, criaram uma escrita que podia ser gravada na pedra.

Escrever na pedra é trabalhoso. Mas os documentos inscritos na pedra duram para sempre, e era próprio da cultura egípcia dar muita importância à durabilidade de tudo.

Cada figura da escrita egípcia representava uma palavra. Essas figuras são os hieróglifos. Foram muito usadas nos monumentos.

Mais tarde os egípcios inventaram o papiro, que permitiu uma escrita mais rápida e acabou influindo na simplificação dos hieróglifos, dando origem à escrita hierática e, mais tarde, à demótica.

E assim os egípcios deixaram 3 mil anos de história documentados.

No Egito, a atividade de escrever tinha muito prestígio. Havia até profissionais treinados para isso, os escribas, que eram muito importantes na corte.

A civilização egípcia durou muitos séculos, e a escrita foi sempre evoluindo.

Na verdade, os egípcios chegaram a inventar uma escrita fonética, quer dizer, uma escrita em que cada som tem um símbolo ou uma letra.

Mas eles não souberam tirar grande vantagem dessa escrita, que era a mistura da escrita hieroglífica com a fonética.

A escrita fonética permite que se reproduzam todos os sons de todas as línguas com poucos sinais.

É provável que os fenícios, povo que habitava a região que hoje corresponde à costa do Líbano, tenham conhecido a escrita fonética por intermédio dos egípcios. Como você viu no capítulo sobre a história das letras, eles então adaptaram o alfabeto fonético egípcio à língua fenícia e criaram o alfabeto de 22 letras, que usaram com muita habilidade.

Os fenícios eram comerciantes, viajantes e navegadores, e espalharam o alfabeto fonético por todo o mundo conhecido na sua época.

De fato, todos os alfabetos fonéticos existentes tiveram origem no alfabeto fenício: o hebraico, o árabe, o grego, o cirílico (russo), o devanágari (hindu), o romano...

Os gregos adotaram o alfabeto fenício, mas inventaram novas letras para os sons que não existiam em fenício e abandonaram as letras cujos sons não existiam em grego.

Criaram uma porção de formas de escrever, pois havia muitos Estados gregos e muitas formas diferentes de falar.

Todos sabem o quanto os gregos se preocupavam com a beleza. Assim, eles foram modelando as letras, para torná-las mais harmoniosas.

Estabeleceram a regra de escrever da esquerda para a direita, ao contrário das outras línguas semíticas. E introduziram o uso de vogais.

Os romanos herdaram o alfabeto grego. E, como os gregos, tiveram de fazer adaptações, introduzindo novas letras e eliminando as que não serviam para sua língua.

A forma das letras também foi se modificando, de acordo com as necessidades de sua civilização. Foi assim que as letras ganharam uma base, um pezinho especial, que permitia o alinhamento das palavras, especialmente nas grandes inscrições dos monumentos.

Ainda se usam essas bases, chamadas serifas, em alguns tipos de letras.

Ainda hoje alguns povos usam escritas pictográficas e ideográficas.

Os chineses ainda escrevem assim:

homem + árvore = descanso   2 árvores = bosque   3 árvores = floresta

Os japoneses usam quatro escritas diferentes, que aparecem ao mesmo tempo até nos jornais: uma escrita ideográfica, herdada dos chineses; um sistema silábico para os sons que não existem na escrita mandarim; um alfabeto inventado para as palavras estrangeiras; e o alfabeto romano, que serve para resolver os problemas restantes.

\10

義とか云つて何でも作者の経験した悲いも限かな話を聊かも技巧を加へず有の儘の儘にだら〳〵と半の延のやうに書くのが流行る

[peixe-dourado]

金魚　　きんぎょ　　キンギョ　　kingyo
KANJI　　　HIRAGANA　　　　KATAKANA　　　　RŌMAJI

Precisamos da escrita para desenvolver teorias que levam à evolução tecnológica, para a explanação de sistemas filosóficos, para a discussão dos estudos religiosos. E também usamos a escrita para as coisas mais simples: placas de rua, instruções para o manejo de máquinas, bulas de remédio...

Não podemos esquecer também as línguas faladas, que transmitem ideias, conceitos e o desenvolvimento da socialização.

A escrita, que foi na Antiguidade privilégio de sacerdotes e nobres, é hoje direito de todos.

Desde a declaração de um sentimento até a conclusão de um grande negócio, a escrita tem servido à comunicação entre as pessoas.

E hoje, quando o ser humano começa a conquistar o espaço, ele envia, de suas poderosas naves, mensagens simples, na tentativa de comunicar a outros seres, que porventura povoem outros planetas, nossa existência e onde nos encontramos.

É da natureza humana comunicar-se, espalhar a notícia de sua existência, não só sobre a Terra, mas até os pontos mais longínquos do Universo.

posfácio
ANA E ISABEL ROTH

Como deixar ainda melhor algo que era bom desde o início? Em 1992, a coleção O Homem e a Comunicação foi agraciada com o Prêmio Jabuti como melhor obra em coleção e melhor produção editorial. No ano seguinte, recebeu o Prêmio Monteiro Lobato para literatura infantil. Não bastasse o reconhecimento da crítica, os oito volumes originais foram também bem-recebidos pelo público: tornaram-se referência para educadores interessados em apresentar a evolução da humanidade a partir de uma bem-humorada e abrangente história da comunicação, tendo como fio condutor o desenvolvimento de suportes e ferramentas — como o papel, o pincel e o livro — e linguagens — como gestos e símbolos, as línguas e a escrita.

Agora, a pesquisa e a abordagem lúdica do artista visual Otávio Roth e a escrita sempre encantadora de Ruth Rocha ganham nova apresentação em projeto gráfico elegante de Raul Loureiro e realização da Companhia das Letrinhas, com o lançamento do *O livro da história do livro* e *O livro da história da comunicação*. Um trabalho de fôlego, que toma sua melhor forma sem perder a essência original.

Nos trinta anos que separam os dois lançamentos, muita coisa mudou. A história da comunicação narrada por Ruth e Otávio não chega a abordar as ferramentas e linguagens da era digital, pois em 1992 o uso da internet no Brasil — e no mundo — ainda era incipiente. Hoje, mais de 60% da população mundial já tem acesso à rede e a conectividade permeia e molda todas as esferas de nossas vidas. Não obstante, o livro ainda está aí, assim como o papel, as tintas, o lápis...

Assim é a evolução da comunicação humana: a cada nova tecnologia criada, ampliam-se o repertório e as possibilidades de expressão sem que se percam, contudo, o conhecimento e o potencial das técnicas antigas. O ser humano pode não precisar mais do barro para a escrita, mas ainda utiliza a cerâmica para artesanatos e peças de arte. O pergaminho ainda é utilizado como suporte de registro de documentos importantes, como diplomas, e o próprio uso do papel tem se transformado ao longo do tempo, mantendo a presença em nossas vidas apesar do crescente uso de computadores e outros dispositivos eletrônicos.

De maneira análoga, testemunhamos ao longo da História a evolução de símbolos, gestos, letras e línguas. A comunicação oral flui, transformando palavras e estruturas linguísticas. Gírias e novas expressões são criadas a cada geração, ampliando o vocabulário social. Ainda assim, há algo de cíclico nesse processo: os emojis, por exemplo, hoje tão disseminados na comunicação instantânea das redes sociais, remontam aos pictogramas, que comunicavam dada situação ou emoção de maneira sucinta em tempos pré-históricos.

Debruçar-se sobre essa evolução é um convite lúdico e criativo à tomada de consciência quanto às estruturas e dinâmicas da comunicação humana desde suas origens. É uma história bela e poderosa, que estimula a curiosidade e convida à reflexão sobre aquilo que nos faz humanos: a construção e a transmissão de conhecimentos, a necessidade de nos expressarmos, e a vocação para o diálogo entre todos os cidadãos do mundo.

sobre os autores

RUTH ROCHA nasceu em 2 de março de 1931, em São Paulo, onde ouviu da mãe as primeiras histórias. Depois foi a vez de Vovô Ioiô apresentar os contos clássicos dos irmãos Grimm, de Hans Christian Andersen, de Charles Perrault, adaptados oralmente pelo avô baiano ao universo popular brasileiro. Mas foi a leitura de Monteiro Lobato que escancarou de vez as portas da literatura para Ruth.

Descobriu a Biblioteca Circulante no centro da cidade quando ainda era adolescente e pensou que deveria ler todos os livros, um por um. Dentre todo esse acervo seus preferidos eram Fernando Pessoa, Manuel Bandeira, Machado de Assis e Guimarães Rosa.

Formada em ciências políticas e sociais pela Escola de Sociologia e Política de São Paulo, foi aluna do historiador Sérgio Buarque de Holanda na companhia de quem conheceu Ouro Preto, junto com outros estudantes.

Foi nessa faculdade que conheceu Eduardo Rocha com quem se casou. Viveram juntos por 56 anos, até o falecimento dele, em 2012. Tiveram uma filha, Mariana, inspiração para as primeiras criações da escritora. Hoje tem dois netos, Miguel e Pedro, que também estão presentes na sua obra literária.

Entre 1957 e 1972 foi orientadora educacional do Colégio Rio Branco. Nessa época começou a escrever sobre educação para a revista *Cláudia*. Sua visão moderna sobre o tema, bem como o estilo claro e próprio, chamaram a atenção da diretora da revista *Recreio*, voltada para o público infantil. Foi então que começou a escrever contos infantis e *Romeu e Julieta*, história que trata do racismo, foi a primeira de uma série de narrativas originais e divertidas, todas publicadas na *Recreio*, que mais tarde Ruth veio a dirigir.

Palavras, muitas palavras, seu primeiro livro, foi publicado em 1976. Seu estilo direto, gracioso e coloquial, altamente expressivo e muito libertador, ajudou — juntamente com o trabalho de outros autores — a mudar para sempre a cara da literatura escrita para crianças no Brasil. Os pequenos leitores passaram a ser tratados com respeito e inteligência, sem lições de moral nem chatices de qualquer espécie, numa relação de igual para igual, e nunca de cima para baixo. Além disso, em plena ditadura militar, a obra de Ruth ousava inspirar a liberdade e encorajava o leitor a enxergar a realidade, sem abrir mão da fantasia.

Depois vieram *Marcelo, Marmelo, Martelo* — seu best-seller e um dos maiores sucessos editoriais do país, com mais de setenta edições e vinte milhões de exemplares vendidos —, *O reizinho mandão* — incluído na "Lista de Honra" do prêmio internacional Hans Christian Anderson e muitos outros.

Em mais de cinquenta anos dedicados à literatura, a escritora superou duzentos títulos publicados e já foi traduzida para 25 idiomas. Também assina a tradução de uma centena de títulos infantojuvenis e é coautora de livros didáticos.

Em parceria com Otávio Roth, criou a coleção O Homem a Comunicação que chega em nova edição pela Companhia das Letrinha com os títulos *O livro da história da comunicação* e *O livro da história do livro*, além da *Declaração*

Universal dos Direitos Humanos que teve lançamento na sede da Organização das Nações Unidas em Nova York, em 1988.

Recebeu prêmios da Academia Brasileira de Letras, da Associação Paulista dos Críticos de Arte (APCA), da Fundação Nacional do Livro Infantil e Juvenil (FNLIJ), além do prêmio Santista, da Fundação Bunge, o prêmio de Cultura da Fundação Conrad Wessel, a Comenda da Ordem do Mérito Cultural, oito prêmios Jabuti, da Câmera Brasileira de Letras (CBL) e em 2008 foi eleita membro da Academia Paulista de Letras.

Apostando na irreverência, na independência, na poesia e no bom humor, seus textos fazem com que as crianças questionem o mundo e a si mesmas e ensinam os adultos a ouvirem o que elas dizem ou estão tentando dizer. No fundo, o que seus livros revelam é o profundo respeito e o infinito amor de Ruth Rocha pela infância, isto é, pela vida em seu estado mais latente. Pois, como ela mesma diz num de seus belos poemas, "toda criança do mundo mora no meu coração".

OTÁVIO ROTH foi um artista visual, professor e escritor.

Depois que terminou a escola, ele foi estudar engenharia, mas, durante um intercâmbio que fez em Israel, começou a fotografar, se encantou pelas artes e quis mudar de área. Então foi estudar comunicação em São Paulo, e depois artes gráficas em Londres, nos anos 1970. Naquela época, a Inglaterra estava passando por uma revolução cultural e social, enquanto o Brasil passava por um período de muita censura, com vários artistas e profissionais criativos se exilando em outros países. Como ainda não havia internet nem celular, a comunicação era difícil e pouco acessível. Por isso, para os expatriados e exilados, a saudade do Brasil e da família era um sentimento muito presente.

Quando Otávio voltou ao Brasil em 1979, fundou a primeira oficina de papel artesanal do país. Ele estruturou sua pesquisa sobre a história da comunicação por meio de estudos sobre a evolução das linguagens, de suportes de escrita e ferramentas, como papéis, tintas, pincéis e livros, em viagens a países tão distantes e diversos quanto Japão, Nepal, Tailândia, Alemanha, Espanha e Estados Unidos.

Otávio conheceu Eduardo e Ruth Rocha, tios e padrinhos de sua esposa, Ana, em meados dos anos 1980. Dessa amizade em família, surgiram ideias de escrever vários livros em parceria com Ruth, como este que você tem em mãos.

RAUL LOUREIRO nasceu em 26 de novembro de 1965. É desenhista gráfico. Formado no Massachusetts College of Art, Boston (mestrado em desenho gráfico), e graduação em cinema [FAAP], SP. Tem projetos desenvolvidos para: Masp — Museu de Arte de São Paulo, IMS — Instituto Moreira Salles, Imprensa Oficial de São Paulo, Museu Lasar Segall, Videofilmes, Osesp, sp-arte, Sesc SP, Flip — Festa Literária Internacional de Parati, Folha de São Paulo, Revista Piauí, Cosacnaify, Companhia das Letras, Fundação Bienal de São Paulo [24ª, 33ª].

Esta obra foi composta em Fakt e impressa pela Gráfica Santa Marta em ofsete sobre papel Alta Alvura da Suzano S.A. para a Editora Schwarcz em abril de 2023

A marca FSC® é a garantia de que a madeira utilizada na fabricação do papel deste livro provém de florestas que foram gerenciadas de maneira ambientalmente correta, socialmente justa e economicamente viável, além de outras fontes de origem controlada.

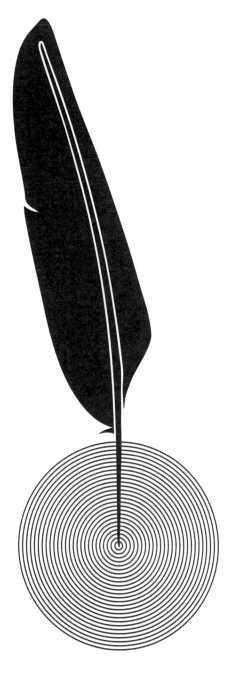